BWRLWM

CEIR CYFLYM

Frances Ridley

Addasiad Lynwen Rees Jones

caa
PRIFYSGOL
ABERYSTWYTH

RISING★STARS

Cyhoeddwyd dan nawdd
Cynllun Adnoddau Addysgu a Dysgu CBAC

Y fersiwn Saesneg:
Download: Fast Cars

Rising Stars UK Ltd, 22 Grafton Street, Llundain W1S 4EX
Cyhoeddwyd 2006
Testun © Rising Stars UK Ltd.
Ymgynghorydd technegol: Mark Renders

Y fersiwn Cymraeg hwn:
© Prifysgol Aberystwyth, 2010 ⓗ

Cyhoeddwyd gan CAA, Prifysgol Aberystwyth,
Plas Gogerddan, Aberystwyth, SY23 3EB
(www.caa.aber.ac.uk).

Noddwyd gan Lywodraeth Cynulliad Cymru.

Cyhoeddwyd dan nawdd Cynllun Adnoddau Addysgu a Dysgu CBAC.

Mae hawlfraint ar y deunyddiau hyn ac ni chaniateir eu hatgynhyrchu na'u cyhoeddi heb ganiatâd deiliad yr hawlfraint.

Cyfieithydd/Golygydd: Lynwen Rees Jones
Dylunydd: Richard Huw Pritchard
Argraffwyr: Argraffwyr Cambria

Diolch i Eirian Jones ac Angharad Walpole am eu cymorth wrth brawfddarllen.

Diolch hefyd i Ruth Davies, Siân Powys a Meinir Rees am eu harweiniad gwerthfawr.

Darluniau: Bill Greenhead
Ffotograffau: Motoring Picture Library/NMM: tt 4, 5, 6, 7, 9, 10, 11, 12, 14, 18, 19, 20, 21, 22, 23, 26, 29, 31, 32, 33, 38, 43; Getty Images: t 7; Alamy: tt 5, 6, 8, 9, 13, 14, 15, 18, 20, 22, 26, 27, 28, 30, 39, 40, 41.

Ymchwil ffotograffau gan Zooid Pictures Ltd

ISBN: 978-1-84521-349-7

Cynnwys

Sbortsceir	4
Uwchgeir a cheir cefn codi cŵl	6
Gwneud a gwerthu ceir cyflym	8
Mercedes Benz 300SL	10
Jaguar E-Type	12
Chevrolet Corvette Sting Ray 1963	14
Y Car Delfrydol – Rhan un	16
Lamborghini Miura	18
Volkswagen Golf GTi	20
Ferrari F40	22
Y Car Delfrydol – Rhan dau	24
McLaren F1	26
Renault Clio Williams	28
Porsche Boxster	30
Lotus Elise	32
Y Car Delfrydol – Rhan tri	34
Aston Martin Vanquish	38
Pagani Zonda C12-S	40
Koenigsegg CRR	42
Cwis	44
Geirfa	45
Adnoddau a gwybodaeth	46
Atebion	47
Mynegai	48

Sbortsceir

Sbortsceir ydy'r rhan fwyaf o geir cyflym.

Mae sbortsceir yn gallu codi sbîd yn dda ac maen nhw'n gallu mynd yn gyflym iawn.

Maen nhw'n gadarn ar y ffordd. Maen nhw'n mynd o amgylch corneli ac yn brecio'n dda.

Coupés

Sbortscar gyda tho caled ydy *coupé*.

Maserati 3200GT *coupé*

Ceir codi to (*convertibles*)

Mae to sy'n plygu ar geir codi to.

Mae ganddyn nhw ffenestri ochr sy'n codi.

Car codi to Mercedes CLK430

Ceir pen ffordd (*roadsters*)

Car codi to gyda dwy sedd ydy car pen ffordd.

Sbortsceir ysgafn ydy'r rhan fwyaf o geir pen ffordd.

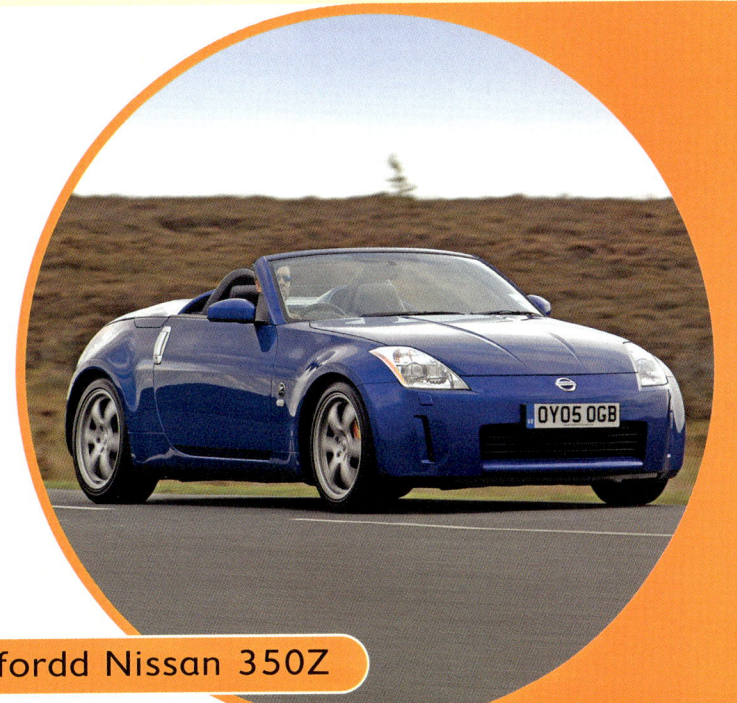

Car pen ffordd Nissan 350Z

Uwchgeir a cheir cefn codi cŵl

Uwchgeir (*supercars*)

Sbortsceir cyflym iawn iawn ydy **uwchgeir**. Maen nhw'n ddrud iawn.

Mae uwchgeir yn gallu mynd o 0 mya i 60 mya mewn 5 eiliad.

Mae uwchgeir yn gallu mynd 220 mya.

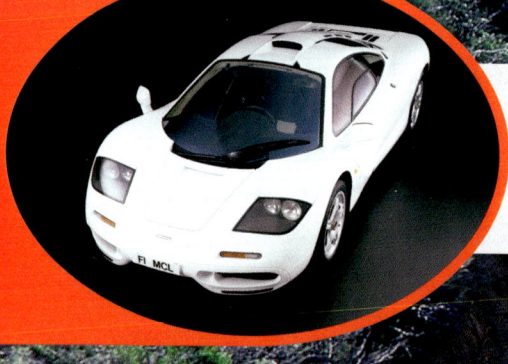

Mae'r McLaren F1 yn gallu mynd o 0 mya i 60 mya mewn 3.2 eiliad.

Mae'r Ferrari Enzo yn gallu mynd o 0 mya i 100 mya mewn 6.5 eiliad.

Ffaith Gyflym!

Mae'r Bugatti Veyron 16.4 yn gallu mynd 252 mya!

Ceir cefn codi cŵl

Ceir **cefn codi** (*hatchbacks*) cyflym iawn ydy'r rhain.

Maen nhw'n gallu codi sbîd yn dda a mynd yn gyflym iawn.

Dydyn nhw ddim mor ddrud â sbortsceir.

Mae'r Mini Cooper S yn gar cefn codi cŵl.

Gwneud a gwerthu ceir cyflym

Gwneud ceir cyflym

Mae gwahanol bethau yn gwneud car yn gyflym.

Dyma'r Porsche 911:

- Mae ganddo beiriant pwerus.
- Mae'n ysgafn.
- Mae ganddo siâp **llilin** (*streamlined*).
- Mae'r **peiriant yng nghefn y car**.

Porsche 911/997

Gwerthu ceir cyflym

Mae gan geir cyflym enwau brand. Yr enw ar y brandiau hyn ydy *marques*.

Mae llawer o'r *marques* yn cael eu cysylltu â cheir rasio – mae hyn yn helpu i werthu'r ceir.

Mae Ferrari yn gwneud ceir rasio a cheir cyflym ar gyfer y ffordd.

Mae gan bob *marque* ei symbol:

Mercedes Benz 300SL

Cwmni o'r Almaen ydy Mercedes Benz. Seren gyda thri phwynt arni ydy'r symbol. Mae'r pwyntiau hyn yn sefyll am y tir, y môr a'r awyr.

Roedd Mercedes Benz yn gwneud periannau ar gyfer ceir, cychod ac awyrennau.

Cafodd y 300SL ei wneud rhwng 1954 ac 1963.

Cafodd ei wneud fel *coupé* ac fel car pen ffordd.

Y car pen ffordd 300SL

Yr enw ar y *coupé* oedd 'adenydd gwylan'.

Mae'r drysau yn debyg i adenydd pan maen nhw ar agor.

Ffeithiau Cyflym!

Mae gan y 300SL beiriant **chwistrellu tanwydd** petrol. Dyma'r car cyntaf o'i fath.

Cyflymder uchaf	165 mya
0-60 mya	9 eiliad
Milltiroedd y galwyn	18 myg

Y *coupé* 'adenydd gwylan'

Jaguar E-Type

Cwmni o Brydain ydy Jaguar.

Jagwar ydy ei symbol. Mae'r ceir yn gyflym ac yn gryf – fel cathod mawr.

Dechreuodd Jaguar yn 1922. Maen nhw wedi cynhyrchu ceir **clasurol** ar hyd yr amser.

Cafodd y Jaguar XK120 ei wneud yn 1948 ond mae'n dal i edrych yn dda heddiw!

Cafodd yr E-Type ei wneud rhwng 1961 ac 1975.

Roedd yn edrych yn dda. Roedd yn gyflym ac yn gryf. Roedd yn gadarn ar y ffordd a doedd e ddim mor ddrud â sbortsceir eraill!

Roedd yr E-Type yn gwerthu'n dda i Jaguar. Cafodd 70,000 ohonyn nhw eu gwerthu.

Ffeithiau Cyflym!

Cafodd yr E-Type ei brofi ar draffordd yr M1.	
Cyflymder uchaf	150 mya
0-60 mya	7.3 eiliad
Milltiroedd y galwyn	14.5 myg

Chevrolet Corvette Sting Ray 1963

Cwmni o America sy'n gwneud ceir Chevrolet.

CHEVROLET

Cafodd y Chevrolet Corvette Sting Ray ei wneud yn 1963.

Car *coupé* ydy Sting Ray 1963

Tu ôl cefnslip (*fastback*)

Priflampau wedi'u cuddio

Crybiau (*humps*) dros y ffenders

Ffeithiau Cyflym!

Roedd y Chevrolet Corvette Sting Ray yn gwerthu'n dda. Cafodd 21,000 Sting Ray eu gwneud yn 1963!

Cyflymder uchaf	118 mya
0-60 mya	6.1 eiliad
Milltiroedd y galwyn	18 myg

Ffenestr gefn mewn dwy ran

Roedd ffenestr gefn y Sting Ray mewn dwy ran.

Yn ôl rhai pobl doedd hyn ddim yn ddiogel.

Roedd ffenestr gefn Sting Ray 1964 yn normal.

Y Car Delfrydol (Rhan un)

"Mae'r car yna mor lysh!" meddai Math.

Roedd Rhods yn cytuno. "Y car delfrydol," meddai.

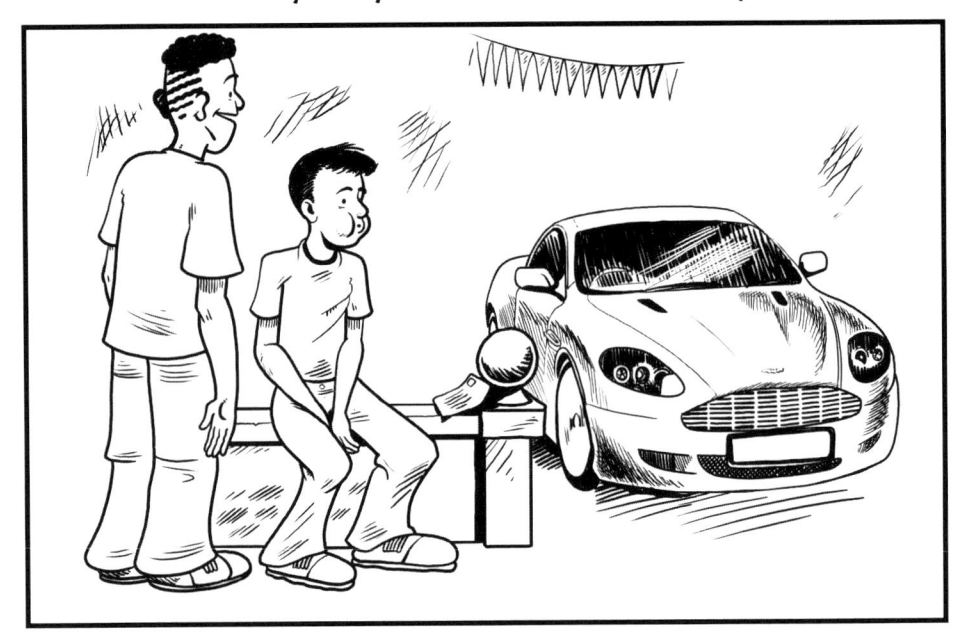

Neidiodd y ddau wrth glywed rhywun yn gweiddi. Mr Morus oedd yno.

"Hei!" meddai. "Ewch o 'ma!"

"Dim ond edrych ydyn ni, Mr Morus," meddai Rhods.

"Edrychwch ar rywbeth arall!" meddai. "Rydych chi'n gwneud i bobl deimlo'n annifyr."

Yn sydyn, daeth dynes i mewn. Roedd ganddi wallt hir melyn. Roedd hi'n smart iawn.

"Sut alla i'ch helpu chi?" meddai Mr Morus.

"Heledd Parri ydw i. Mae angen car arna' i," meddai hi. "Mae'r Aston yma'n edrych yn dda."

"Dilynwch fi," meddai Mr Morus.

"Dwi wedi gweld y ddynes yna o'r blaen," meddai Math.

"Mae'n gyfoethog," meddai Rhods. "Falle ei bod hi'n enwog. Falle dy fod ti wedi ei gweld ar y teledu."

"Falle," meddai Math. "Dere, helpa fi gyda'r rownd bapur, Rhods!"

Parhad ar dudalen 24

Lamborghini Miura

Cwmni o'r Eidal ydy Lamborghini.

Mae gan geir Lamborghini siâp llyfn iawn.

Y Diablo

Y Murcielago

Tarw'n rhuthro ydy symbol Lamborghini.

Mae gan lawer o geir Lamborghini enwau sy'n dod o fyd ymladd teirw.

Y Miura oedd car cyntaf Lamborghini. Trwy'r car hwn daeth pobl i wybod am Lamborghini.

Dyma'r tro cyntaf i gar ffordd fod â pheiriant yng nghanol y car.

Mae peiriant pob Lamborghini modern yng nghanol y car.

Mae gan y Miura siâp llyfn iawn.

Ffeithiau Cyflym!

Mae drysau'r Miura yn edrych fel cyrn tarw pan maen nhw ar agor.	
Cyflymder uchaf	172 mya
0-60 mya	6.9 eiliad
Milltiroedd y galwyn	11.2 myg

Volkswagen Golf GTi

Cwmni o'r Almaen ydy Volkswagen.

Dyma un o gwmnïau ceir mwyaf y byd.

Yn 1976 gwnaeth VW y Golf GTi. Car Golf oedd hwn gyda **pheiriant chwistrellu tanwydd**.

Cafodd llawer iawn o'r ceir eu gwerthu, achos bod mwy o bobl eisiau sbortsceir **cefn codi** bach.

Mae pum **cenhedlaeth** o geir Golf GTi.

Mk5 Golf GTi

Ffeithiau Cyflym!

Y Volkswagen Golf GTi oedd y car cefn codi cŵl cyntaf!	
Cyflymder uchaf	146 mya
0-60 mya	7.2 eiliad
Milltiroedd y galwyn	34.9 myg

Cwmni o'r Eidal ydy Ferrari.

Ceffyl yn **prancio** ydy ei symbol. Dyma oedd symbol un o arwyr yr awyrlu yn y Rhyfel Byd Cyntaf.

Mae Ferrari yn enwog am ei **steil**.

Ferrari Testarossa

Ystyr testarossa ydy pengoch.

Mae top y peiriant wedi ei beintio'n goch.

Ferrari F40

- Asgell fawr
- Cafnau dwfn

Cafodd y Ferrari F40 ei wneud i ddathlu pen-blwydd Enzo Ferrari yn 40 oed.

Roedd Ferrari eisiau gwneud car Fformiwla Un ar gyfer y ffordd.

Y Ferrari F40 oedd y car cyntaf ar y ffordd a oedd yn gallu mynd 200 mya.

Mae llawer yn credu mai hwn oedd yr uwchgar (*supercar*) cyntaf.

Cafodd 1315 o'r ceir hyn eu gwneud rhwng 1987 ac 1992.

Ffeithiau Cyflym!

Doedd dim dolenni ar ochr fewnol drysau'r Ferrari F40. Roedd rhaid tynnu llinyn i agor y drws.

Cyflymder uchaf	201 mya
0-60 mya	3.8 eiliad
Milltiroedd y galwyn	24 myg

Y Car Delfrydol (Rhan dau)

Doedd y rownd bapur ddim yn hir.

"O na!" meddai Rhods.

"Beth sy'n bod?" gofynnodd Math.

"Roeddwn i fod i bostio llythyr i Mam," meddai Rhods. "Dwi wedi ei adael ym Moduron Morus."

Aethon nhw'n ôl i Foduron Morus. Roedd y llythyr yno o hyd.

"Da iawn," meddai Rhods. "Gwell i ni fynd i'w bostio."

Aeth y bechgyn ar eu beiciau. Yna daeth Bet allan. Roedd hi'n gweithio i Mr Morus.

"Ydy Mr Morus yn ôl eto?" gofynnodd. "Aeth e yn y car gyda Miss Parri. Maen nhw wedi mynd ers meityn."

"Byddan nhw'n ôl cyn bo hir," meddai Rhods.

"Byddan, ond mae'n rhyfedd," meddai Bet. "Mae e wedi mynd â'r ddwy set o allweddi ar gyfer yr Aston."

Aeth Bet yn ôl i mewn.

"Mae hynny *yn* rhyfedd," meddai Math.

"Hei ho," meddai Rhods. "Gwell i ni fynd i bostio llythyr Mam."

Parhad ar dudalen 34

McLaren F1

Cwmni o Brydain ydy McLaren Cars. Yr F1 oedd eu car ffordd cyntaf.

Car *coupé* ydy'r F1 ac mae ganddo dair sedd. Mae'r gyrrwr yn eistedd yn y canol.

Enillodd y McLaren F1 GTR ras Le Mans yn 1995.

Ffeithiau Cyflym!

Roedd hi'n cymryd 2250 awr i wneud un McLaren F1. Mae tu mewn bae'r peiriant wedi ei wneud o aur.

Cyflymder uchaf	231 mya
0-60 mya	3.1 eiliad
Milltiroedd y galwyn	12.4 myg

Dim ond 100 o geir McLaren F1 gafodd eu gwneud.

Roedd F1 newydd yn costio mwy nag unrhyw gar ffordd arall. Ond roedd pob car wedi colli arian i'r cwmni.

Renault Clio Williams

Cwmni o Ffrainc ydy Renault.

Diemwnt ydy ei symbol. Cafodd y symbol ei ddefnyddio am y tro cyntaf ar y 40 CV.

Y 40 CV

Cafodd y Renault Clio Williams ei wneud yn 1995.

Cafodd y car ei enwi ar ôl Williams F1. Renault oedd yn gwneud y peiriannau ar gyfer y tîm.

Dim ond 400 o geir gafodd eu gwneud.

Mae'r Clio Williams yn gar cefn codi cŵl. Mae'n gyflym iawn am gar bach ac mae'n gadarn iawn ar y ffordd.

Ffeithiau Cyflym!

Mae pob car Clio Williams yn las. Mae ganddyn nhw olwynion aur.

Cyflymder uchaf	135 mya
0-60 mya	7.8 eiliad
Milltiroedd y galwyn	25 myg

Porsche Boxster

Cwmni o'r Almaen ydy Porsche.

Mae ceir Porsche yn dda ar gyfer pob dydd.

Porsche Boxster S

To defnydd sy'n plygu

Cafodd y Porsche Boxter cyntaf ei wneud yn 1996. Ei enw oedd Porsche 986.

Mae Porsche yn dal i wneud y Boxter heddiw.

Car pen ffordd bach sy'n gyrru'n dda ydy'r Boxter, a dydy e ddim yn ddrud iawn.

Mae Porsche yn gwerthu llawer ohonyn nhw.

Digon o le yn y bŵt a'r bonet.

Ffeithiau Cyflym!

Yn 1955, cafodd yr actor James Dean ei ladd mewn damwain yn ei Porsche 550 Spyder. Yn 2002, gwnaeth Porsche y James Dean Edition Boxter. Roedd yn edrych fel Spyder James Dean – arian gyda tho cynfas brown.

Cyflymder uchaf	149 mya
0-60 mya	6.9 eiliad
Milltiroedd y galwyn	23.5 myg

Lotus Elise

Cwmni o Brydain ydy Lotus.

Roedd yn arfer gwneud ceir Fformiwla Un.

Mae ceir Lotus yn fach ac yn gyflym.

Lotus Esprit Turbo

Lotus Elan

Ffeithiau Cyflym!

'Elise' oedd enw wyres cadeirydd Lotus.	
Cyflymder uchaf	124 mya
0-60 mya	5.5 eiliad
Milltiroedd y galwyn	29.4 myg

Cafodd y Lotus Elise ei wneud yn 1995.

Sbortscar agored ydy e.

Mae peiriant yr Elise yn fach ond mae'n gallu codi sbîd yn dda.

Mae'n cymryd corneli yn dda oherwydd ei fod yn ysgafn iawn.

Dim ond 724 kg mae'r Lotus Elise yn bwyso.

Mae sbortsceir eraill yn llawer mwy trwm.

Y Car Delfrydol (Rhan tri)

Aeth y bechgyn i'r dref ar eu beiciau. Roedd y goleuadau'n goch.

Stopiodd fan fawr wrth ymyl y bechgyn. Edrychodd Math ar y gyrrwr.

"Hei Rhods! Dilyna'r fan yna!" gwaeddodd.

Gwibiodd y ddau ar ôl y fan. Aeth y fan allan o'r dref. Gyrrodd i fyny Lôn y Fferm.

Roedd Lôn y Fferm yn heol 'dim ffordd drwodd'. Aeth y bechgyn heibio ac aros. Ysgrifennodd Math rif y fan ar ei law.

"Beth sy'n bod?" meddai Rhods.

"Y ddynes yn y fan," meddai Math. "Mae hi'n gweithio yn yr archfarchnad."

"Wel?" meddai Rhods.

"Hi oedd y ddynes ym Moduron Morus. Ond roedd hi'n gwisgo wig bryd hynny."

"Ie?" meddai Rhods.

"Rhaid bod yr Aston yn y fan! Dyna pam roedd y ddwy set o allweddi wedi mynd."

Galwodd Math yr heddlu ar ei ffôn symudol. Roedd e'n iawn.

Parhad ar y dudalen nesaf

Roedd y ddynes wedi cymryd yr allwedd arall. Aeth Mr Morus â hi am ginio ac yna aeth hi â'r car.

Dywedodd Math rif y fan wrth yr heddlu, a ble i ddod o hyd iddi.

Daeth yr heddlu'n gyflym ac roedd Mr Morus gyda nhw.

Aeth yr heddlu i arestio'r ddynes.

Arhosodd Mr Morus gyda'r bechgyn.

"Diolch yn fawr iawn i chi'ch dau," meddai. "Dydych chi ddim mor ddrwg â hynny wedi'r cyfan. Beth am ddod yn ôl gyda fi yn yr Aston?"

"Cŵl!" gwaeddodd Rhods a Math.

Y CAR DELFRYDOL YN DDIOGEL!

Ddoe llwyddodd dau fachgen ifanc i ddal lleidr ceir. Dywedodd Mr Morus: 'Mae'r bechgyn hyn yn arwyr. Trwy feddwl yn gyflym, maen nhw wedi achub car cyflym!'

Aston Martin Vanquish

Mae Aston Martin yn perthyn i Gwmni Moduron Ford.

Mae'r ceir yn cael eu gwneud ym Mhrydain.

Pâr o adenydd ydy'r symbol.

Mae'r Aston Martin V12 Vanquish yn gar pwysig iawn i'r cwmni.

Cafodd ei wneud yn 2001 a hwn oedd car ffordd cyflymaf Aston Martin.

Cafodd y Vanquish ei wneud yn fwy modern yn 2005. Enw'r car newydd ydy Vanquish S.

Ffeithiau Cyflym!

Cafodd y Vanquish ei ddefnyddio yn y ffilm James Bond, *Die Another Day*. Un o'i driciau yn y ffilm oedd **cuddliw gweithredol** (*active camouflage*)!

Cyflymder uchaf	190 mya
0-60	4.5 eiliad
Milltiroedd y galwyn	14.9 myg

Y Vanquish S

Pagani Zonda C12-S

Cwmni o'r Eidal ydy Pagani.

Roedd Horacio Pagani wedi bod eisiau gwneud ceir cyflym erioed.

Gwnaeth ei gar rasio F3 cyntaf pan oedd yn 20 oed.

Dechreuodd Pagani ei gwmni yn 1999.
Y Zonda oedd ei gar cyntaf.

Fflapiau

Trwyn pigfain

Mae siâp y Zonda yn **llilin** (*streamlined*) iawn.

Ffeithiau Cyflym!

Dim ond 25 Zonda sy'n cael eu gwneud bob blwyddyn. Rhaid archebu Zonda. Rwyt ti'n cael dewis yr olwynion, y teiars a'r lliwiau rwyt ti eisiau. Rwyt ti'n cael pâr o esgidiau gyda'r car. Mae lledr yr esgidiau yr un fath â lledr y seddi.

Cyflymder uchaf	220 mya
0-60 mya	3.7 eiliad
Milltiroedd y galwyn	13 myg

Koenigsegg CRR

Cwmni o Sweden ydy Koenigsegg.

Ar ôl tân yn ffatri Koenigsegg roedd rhaid iddyn nhw symud i adeilad arall.

Jetiau Ymladd Sweden oedd yn cael eu cadw yn yr adeilad yma ers talwm. Ysbryd oedd symbol y Jetiau Ymladd.

Mae'r CRR yn cael ei wneud yn yr adeilad hwn.

Symbol ysbryd fel y jetiau sydd gan y CRR.

Cafodd y CRR ei wneud yn 2004.

Ffeithiau Cyflym!

Mae gan y CRR do caled ond rydych chi'n gallu tynnu panel y to. Mae'r panel yn ffitio o dan y bonet flaen.

Cyflymder uchaf	241 mya
0-60 mya	3.1 eiliad

Ffenestr flaen grom

Aer i mewn

Mae'r CRR yn **llilin** iawn.

Cwis

1 Pa fath o do sydd gan geir codi to?

2 Beth ydy *marque*?

3 Pam mai 'adenydd gwylan' ydy enw car *coupé* Mercedes Benz?

4 Ar ba ffordd enwog y cafodd y Jaguar E-Type ei brofi?

5 Beth ydy symbol Lamborghini?

6 Beth oedd y car cefn codi cŵl cyntaf?

7 Sawl sedd sydd gan y McLaren F1?

8 Pa liw ydy olwynion Renault Clio Williams?

9 Beth ydy cyflymder uchaf Lotus Elise?

10 Sawl eiliad mae'n gymryd i'r Pagani Zonda fynd o 0 i 60 mya?

Geirfa

cefn codi	(*hatchback*) Car gyda drws sy'n mynd ar draws y cefn i gyd. Mae'r drws yn codi i agor.
cenhedlaeth	Mae rhai ceir yn cael eu gwerthu am sawl blwyddyn. Maen nhw'n cael eu gwneud yn fwy modern bob ychydig o flynyddoedd. Yr enw ar bob grŵp o geir mwy diweddar ydy cenhedlaeth.
clasurol	Dydy e ddim yn mynd i edrych yn hen ffasiwn.
cuddliw gweithredol	(*active camouflage*) Lliw sy'n newid – paneli car sy'n newid lliw ac yn gwneud i'r car ddiflannu i'r cefndir.
llilin	(*streamlined*) Siâp llyfn sy'n gadael i aer lifo dros y peth. Mae ceir llilin yn mynd yn gyflymach na cheir eraill.
peiriant chwistrellu tanwydd	Mae'r tanwydd yn cael ei wthio i mewn i'r peiriant – mae'n gwneud y peiriant yn fwy pwerus
prancio	Neidio'n ysgafn.
steil	Sut mae car yn edrych. Mae'n bwysig iawn mewn sbortsceir ac uwchgeir.

Adnoddau a gwybodaeth

Llyfrau

Supercars, Richard Nicholls
Cyhoeddwr: Grange Books plc (ISBN: 1-84013-501-8)
Mae lluniau a gwybodaeth am 300 o geir yn y llyfr.

Sports Cars, cyfres *Designed for Success*, Ian Graham
Cyhoeddwr: Heinemann (ISBN: 0-431-26563-7)
Mae'r llyfr yn esbonio sut mae ceir cyflym wedi eu dylunio.

Cylchgronau

Mae llawer iawn o gylchgronau ar geir. Gallwch eu prynu mewn unrhyw siop papur newydd.

Gwefannau

http://channel4.com/4car/index.html
Llawer o wybodaeth am y ceir gorau yn eu dosbarth.

http://www.bbc.co.uk/topgear/
Gwefan y BBC ar gyfer y gyfres *Top Gear*.

http://www.ralio.co.uk/
Gwefan S4C ar gyfer y rhaglen *Ralio*.

DVD/Fideo

Jeremy Clarkson – *Top 100 Cars* (2001)
(Rhif cat. VCD0184)

The World's Fastest Cars (1995)
(Rhif cat. DMDVD3569)

Atebion

1 To sy'n plygu yn ôl

2 Brand o gar

3 Mae ei ddrysau yn edrych fel adenydd pan maen nhw ar agor

4 Yr M1

5 Tarw'n rhuthro

6 Volkswagen Golf GTi

7 3

8 Aur

9 124 mya

10 3.7 eiliad

Mynegai

Aston Martin V12 Vanquish	38-39
Aston Martin Vanquish S	39
Bugatti Veyron 6.4	7
Ceir cefn codi (*hatchbacks*) cŵl	7
Ceir codi to (*convertibles*)	5
Ceir pen ffordd (*roadsters*)	5
Chevrolet Corvette Sting Ray 1963	14-15
Coupés	4
Enw brand	9
Ferrari Enzo	6
Ferrari F40	22-23
Ferrari Testarossa	22
Jaguar E-Type	12-13
Jaguar XK 120	12
Koenigsegg CRR	42-43
Lamborghini Diablo	18
Lamborghini Miura	18-19
Lamborghini Murcielago	18
Lotus Elan	33
Lotus Elise	32-33
Lotus Esprit Turbo	33
Marques	9
Maserati 3200GT	4
McLaren F1	6, 26-27
Mercedes Benz 300SL	10-11
Mercedes CLK430	5
Mini Cooper S	7
Nissan 350Z	5
Pagani Zonda C12-S	40-41
Porsche 911	8
Porsche Boxter	30-31
Renault 40 CV	28
Renault Clio Williams	28-29
Uwchgeir (*Supercars*)	6
VW Golf GTi	20-21